Impressum
Verlag: BABADADA GmbH, Nedderfeld 112 , 22529 Hamburg
Geschäftsführer / Verlagsleitung: Harald Hof
Druck: Books on Demand GmbH, In de Tarpen 42, 22848 Norderstedt

Imprint
Publisher: BABADADA GmbH, Nedderfeld 112 , 22529 Hamburg, Germany
Managing Director / Publishing direction: Harald Hof
Print: Books on Demand GmbH, In de Tarpen 42, 22848 Norderstedt

学校

məktəp

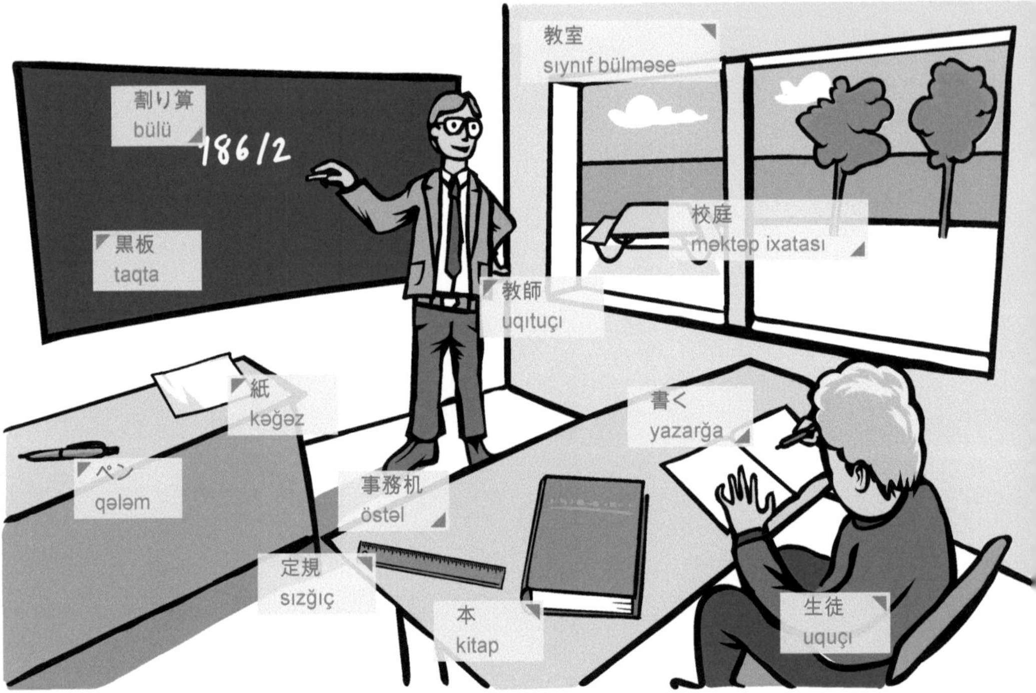

教室
sıynıf bülməse
割り算
bülü
186/2
黒板
taqta
校庭
məktəp ixatası
教師
uqıtuçı
紙
kağəz
書く
yazarğa
ペン
qələm
事務机
östəl
定規
sızğıç
本
kitap
生徒
uquçı

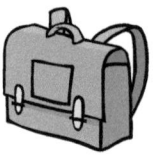

ランドセル

buqça

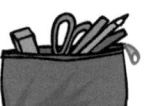

筆入れ

qələmdan

鉛筆

qırandaş

鉛筆削り

qələm oçlağıç

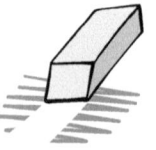

消しゴム

betergeç

スケッチブック

rəsem dəftəre

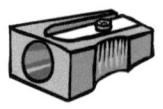

スケッチ
rəsem

絵筆
pumala

絵の具箱
buyawlar tartması

はさみ
qayçı

接着剤
cilem

練習帳
dəftər

宿題
öy eşe

12

数
san

2+2

足し算
quşu

5-2

引き算
alu

2×2

かけ算
tapqırlaw

計算する
isəpləw

A

文字
xəref

ABCDEFG
HIJKLMN
OPQRSTU
VWXYZ

アルファベット
əlifba

hello

単語
süz

テキスト

tekst

読む

uqırğa

チョーク

aqbur

授業

dəres

学級日誌

sıynıf jurnalı

試験

imtixan

通知表

sertifikat

制服

məktəp forması

教育

məğərif

百科事典

ensiklopediyə

大学

universitə

顕微鏡

mikroskop

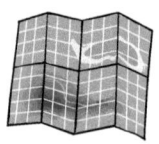

地図

xarita

ごみ箱

çüp qəğəz çiləge

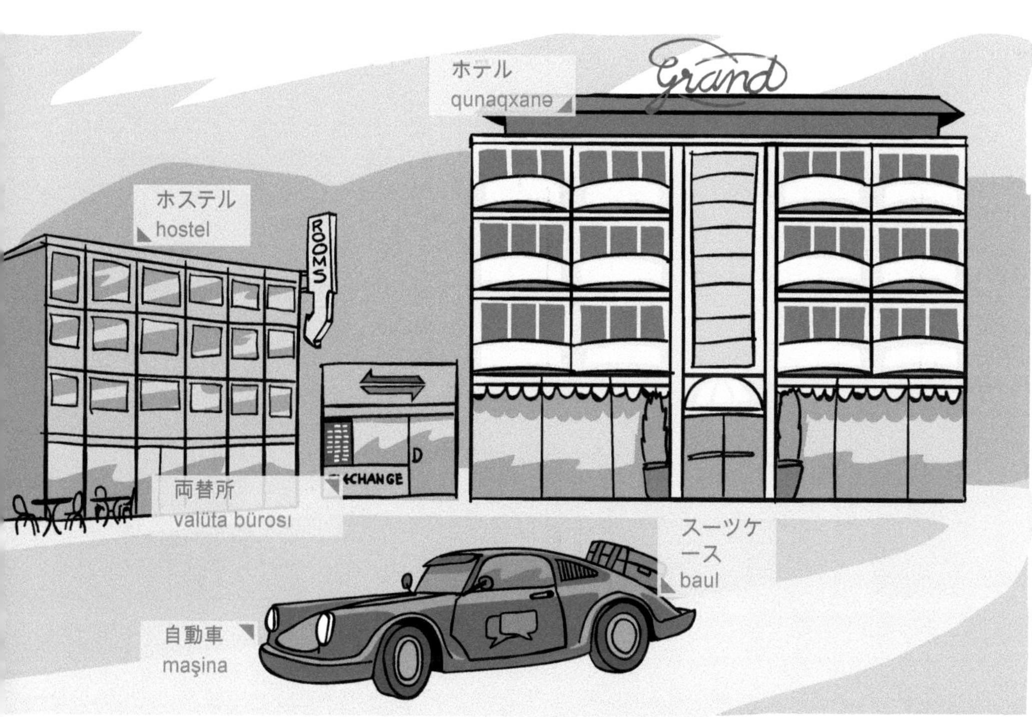

ホテル
qunaqxanə
Grand
ホステル
hostel
ROOMS
EXCHANGE
両替所
valüta bürosı
スーツケース
baul
自動車
maşina

言語

tel

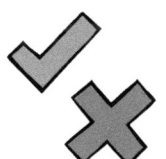

はい / いいえ

əye / yuq

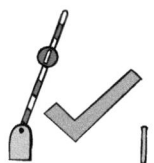

問題ない

yarar

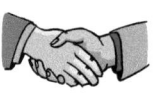

ハロー

isənmesez

翻訳者

tərceməçe

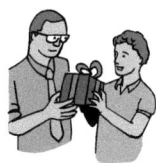

ありがとう

Rəxmət

…はいくらですか？

… küpme tora?

わかりません

min añlamıym

問題

problem

こんばんは！

Xəyerle kiç!

おはようございます！

Xəyerle irtə!

おやすみなさい！

Tınıç yoqı!

さようなら

saw bulığız

方向

yünəleş

手荷物

bagaj

バッグ

buqça

リュックサック

biştər

お客様

qunaq

部屋

bülmə

寝袋

yoqı qapçığı

テント

çatır

旅行者情報

turist məğlüməte

ビーチ

qomsal

クレジットカード

kredit kərte

朝食

irtənge aş

昼食

töşlek

夕食

kiçke aş

チケット

bilet

エレベーター

lift

スタンプ

marka

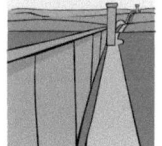

境界

çik

税関

tamğaxanə

大使館

ilçelek

ビザ

viza

パスポート

pasport

輸送
transport

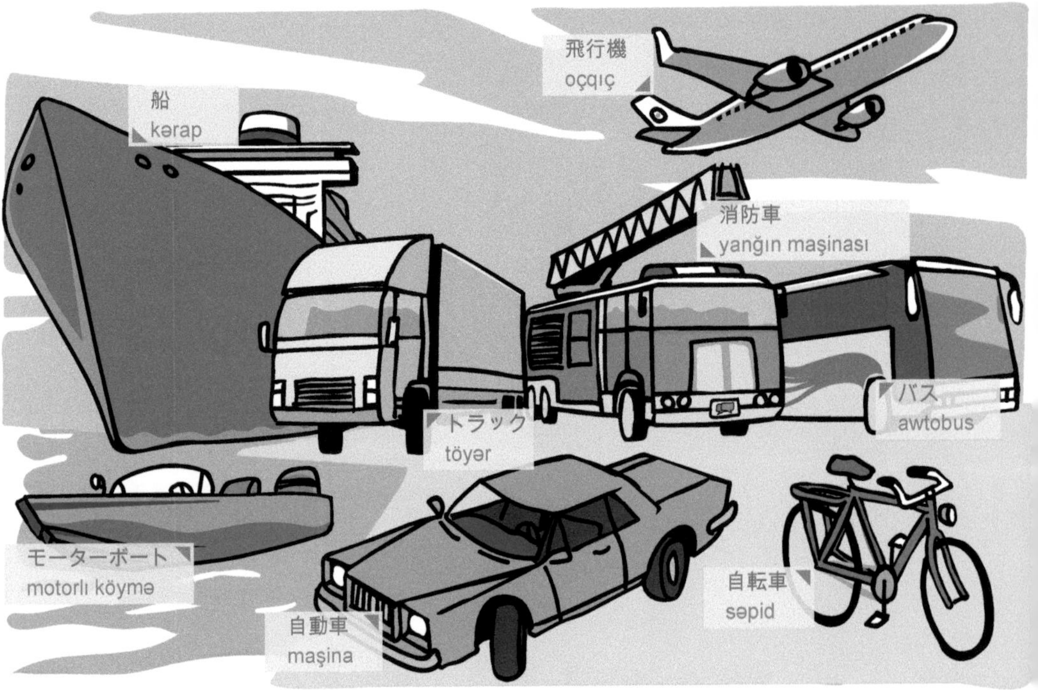

飛行機
oçqıç
船
kərap
消防車
yanğın maşinası
バス
awtobus
トラック
töyər
モーターボート
motorlı köymə
自転車
səpid
自動車
maşina

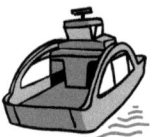

フェリー
boram

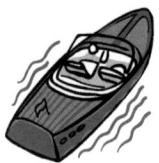

ボート
köymə

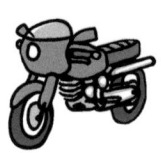

バイク
motosiklət

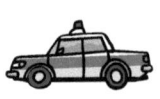

パトカー
polisə maşinası

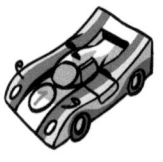

レーシングカー
uzış maşinası

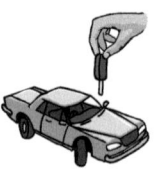

レンタカー
kiralıq maşina

カーシェアリング

karşering

レッカー車

tartuçı

ごみ収集車

çüp töyəre

モーター

motor

燃料

yağulıq

ガソリンスタンド

benzinlek

交通標識

trafik bilgese

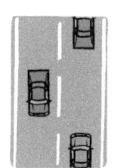

交通

xərəkət

渋滞

böke

駐車場

parking

駅

stansa

道

rəy

列車

trən

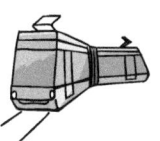

路面電車

tramway

車両

vagon

ヘリコプター

boralaq

空港

hawa alanı

タワー

manara

乗客

yulçı

コンテナ

konteyner

段ボール箱

alap

カート

yök arbası

カゴ

səbət

離陸 / 着陸

qalqu / töşü

都市

şəhər

村

awıl

都心

şəhər üzəge

家

yort

映画館
kino

宣伝
rəklam

街灯
uram fanarı

通り
uram

タクシー
taksi

キオスク
dökən

CINEMA

歩行者
cəyəwle

舗道
cəyəwlek

横断歩道
cəyəwlelər kiçeşe

信号
trafik utları

ゴミ箱
çüp çiləge

交差点
yul çatı

小屋
alaçıq

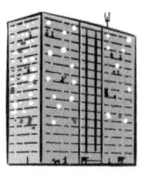

アパート
fatir

駅
stansa

市役所
şəhər xakimiyəte

美術館
yədkərxanə

学校
məktəp

都市 - şəhər

大学

universitə

銀行

bank

病院

xastaxanə

ホテル

qunaqxanə

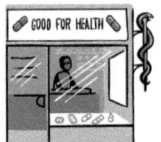

薬局

daruxanə

オフィス

ofis

書店

kitap kibete

ショップ

kibet

花屋

çəçək kibete

スーパーマーケット

supermarket

市場

bazar

デパート

zur kibet

魚屋

balıq kibete

ショッピングセンター

səwdə üzəge

港

liman

都市 - şəhər

公園
park

ベンチ
eskəmiyə

橋
küper

階段
basqıç

地下鉄
metro

トンネル
tunnel

バス停
awtobus tuqtalışı

バー
bar

レストラン
restoran

ポスト
yamıl tartması

道路標識
uram bilgese

パーキングメーター
parking sanağıçı

動物園
xaywan baqçası

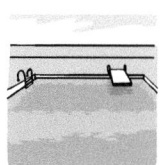

スイミングプール
xəwezxanə

モスク
məçet

都市 - şəhər

農場
çeftlek

汚染
kerlelek

墓地
zirat

教会
çirkəw

遊び場
uyın alanı

寺
ğibädätxanä

風景
tirə-yün

葉
yafraq

道標
yul kürsətkeçe

道
yul

草地
bolın

石
taş

木
ağaç

ハイカー
yöreşçe

川
yılğa

草
ülən

花
çəçək

谷
üzən

山
qalqulıq

湖
kül

森
urman

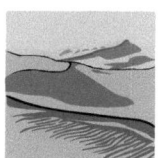

砂漠
çül

火山
yanartaw

城
nığıtma

虹
salawat küpere

キノコ
gömbə

ヤシの木
palma

蚊
çerki

ハエ
çeben

蟻
qırmısqa

ミツバチ
bal qortı

クモ
ürməküç

カブトムシ

qoñğız

蛙

baqa

リス

tiyen

ハリネズミ

kerpe

ウサギ

quyan

フクロウ

yabalaq

鳥

qoş

白鳥

aqqoş

雄豚

qaban duñğızı

鹿

bolan

ヘラジカ

poşıy

ダム

tuan

風力タービン

cir turbını

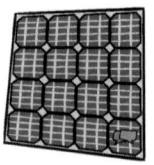

ソーラーパネル

qoyaş panele

気候

iqlim

レストラン

restoran

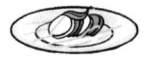

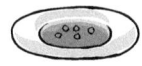

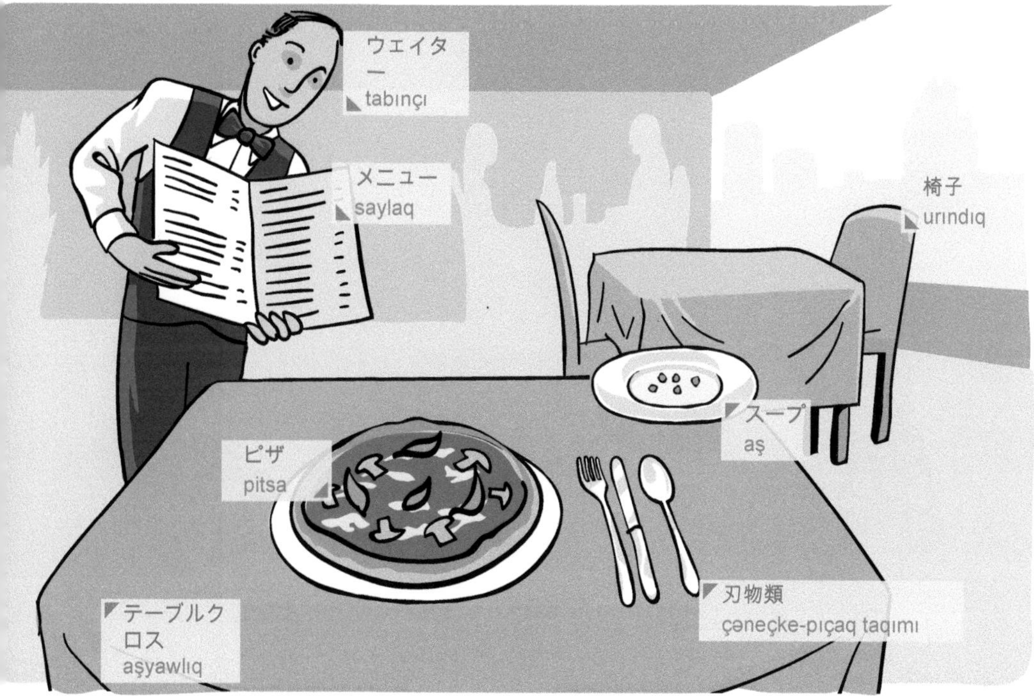
ウェイター
tabınçı
メニュー
saylaq
椅子
urındıq
スープ
aş
ピザ
pitsa
刃物類
çəneçke-pıçaq taqımı
テーブルクロス
aşyawlıq

前菜

qabımlıq

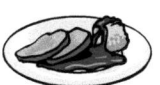

メインコース

töp aşamlıq

デザート

tatlı

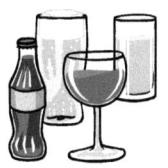

飲み物

eçemleklər

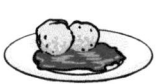

食べ物

azıq

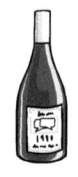

ボトル

şeşə

ファストフード

fastfud

屋台の食べ物

uram rizığı

ティーポット

çəygün

砂糖入れ

şikər sawıtı

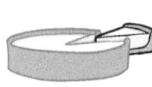

一人前

salım

エスプレッソマシン

espresso maşını

幼児用食事椅子

biyek urındıq

請求書

xisap

トレー

töger

ナイフ

pıçaq

フォーク

çəneçke

スプーン

qaşıq

ティースプーン

çəy qaşığı

ナプキン

tastımal

グラス

tustağan

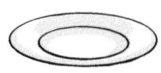

皿
tabaq

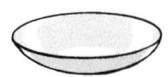

スープ皿
aş tabağı

受け皿
cəypək

ソース
sous

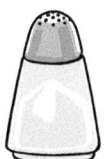

塩入れ
toz sawıtı

ペッパーミル
borıç tegermәne

酢
serkә

油
sıyıq may

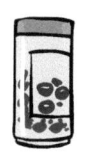

スパイス
tәmlәtkeç

ケチャップ
ketçup

マスタード
xәrdәl

マヨネーズ
mayonez

スーパーマーケット
supermarket

特価品
maxsus təqdim
FOR
顧客
satıp aluçılar
乳製品
söt eşlənmələre
果物
cimeş
ショッピング・カート
kibet arbası

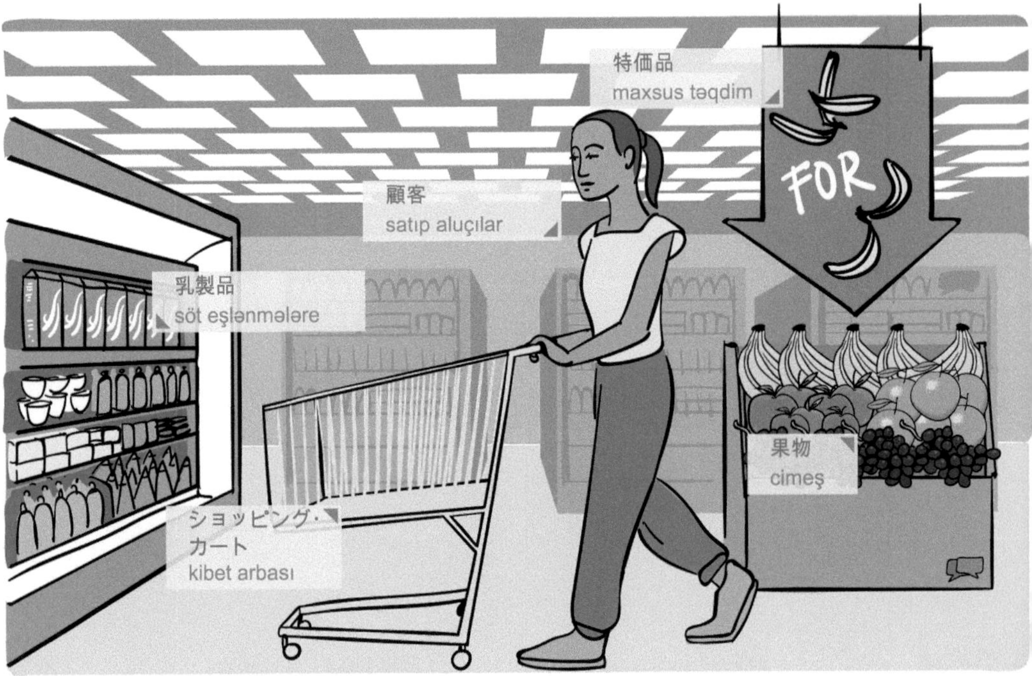

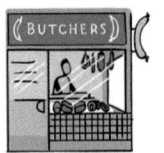

BUTCHERS

肉屋
it kibete

BAKERY

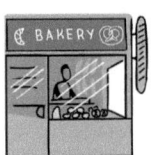

パン屋
ikməkxanə

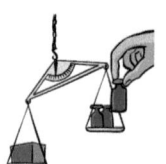

重さをはかる
ülçəw

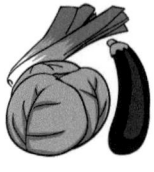

野菜
yəşelçə

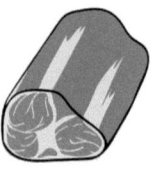

肉
it

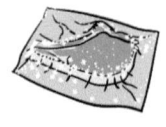

冷凍食品
tuñdırılğan aşamlıqlar

冷肉の薄切り

suıq it

缶詰食品

kənsirləngən aşamlıq

洗剤

ker tuzı

菓子

şikərləmələr

家庭用品

öy eşlənmələre

清掃用品

təmizlek eşlənmələre

販売員

satuçı

現金箱

yazuçı kassa

レジ係

kassir

買い物リスト

satıp alu isemlege

開館時刻

eş waqıtı

財布

qalta

クレジットカード

kredit kərte

バッグ

buqça

ポリ袋

plastik qapçıq

水

su

ジュース

sut

牛乳

söt

コーラ

kola

ワイン

şərəb

ビール

sıra

アルコール

xəmer

ココア

kakao

紅茶

çəy

コーヒー

qəhwə

エスプレッソ

espresso

カプチーノ

kapuçino

バナナ

banan

リンゴ

alma

オレンジ

əflisun

メロン

qarbız

レモン

limon

ニンジン

kişer

ニンニク

sarımsaq

竹

bambu

玉ねぎ

suğan

キノコ

gömbə

ナッツ

çikləweklər

ヌードル

toqmaç

スパゲッティ

spagetti

米

döge

サラダ

salat

フライドポテト

çips

フライドポテト

qızdırılğan bərəñge

ピザ

pitsa

ハンバーガー

hamburger

サンドウィッチ

sandwiç

カツレツ

kətlit

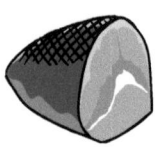

ハム

ветчина

サラミ

salami

ソーセージ

sosis

鶏肉

tawıq ite

焼き

qızdırma

魚

balıq

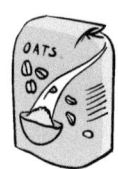

麦のお粥

soli izməse

ムーズリ

müsli

コーンフレーク

məkkəy keterdege

小麦粉

on

クロワッサン

kruassan

ロールパン

ipi tügərəge

パン

ikmək

トースト

tost

ビスケット

kətərməç

バター

may

カッテージチーズ

eremçek

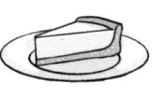

ケーキ

kəyk

卵

yomırqa

目玉焼き

təbə

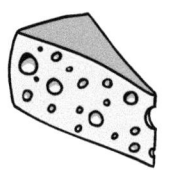

チーズ

pəynir

アイスクリーム

tuñdırma

砂糖

şikər

はちみつ

bal

ジャム

qaynatma

ヌガークリーム

şokolad izməse

カレー

karri

農場

çeftlek

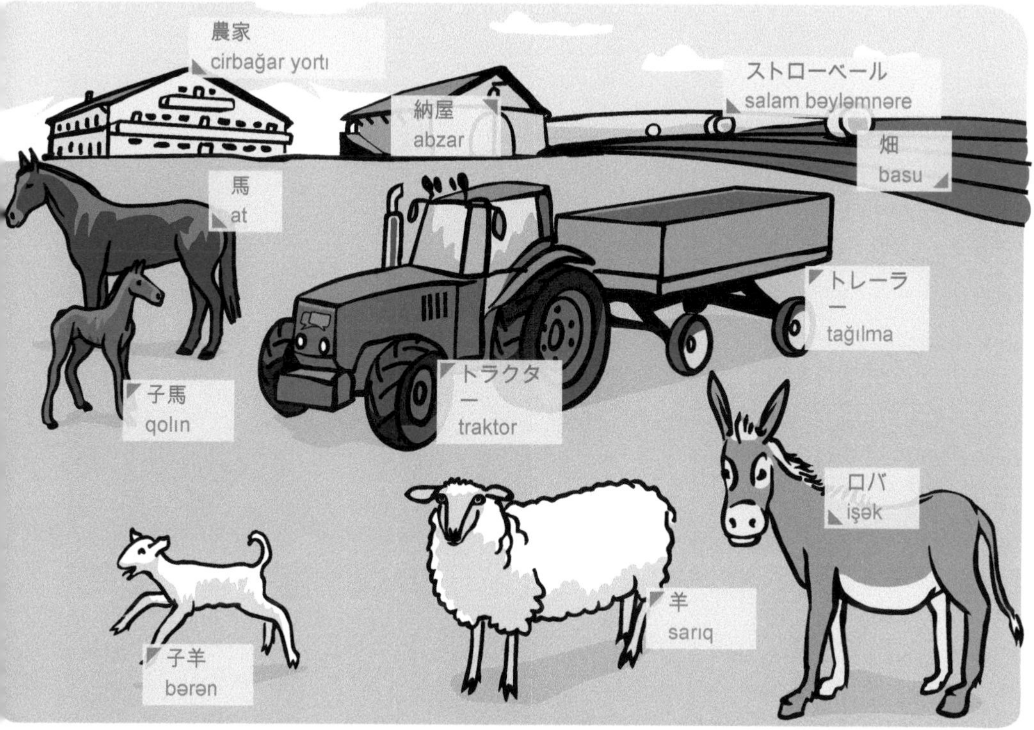
農家
cirbağar yortı
納屋
abzar
ストローベール
salam bəyləmnərə
畑
basu
馬
at
トレーラー
tağılma
子馬
qolın
トラクター
traktor
ロバ
işək
羊
sarıq
子羊
bərən

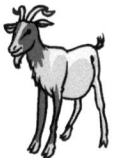

ヤギ

kəcə

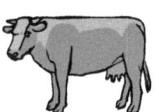

雌牛

sıyır

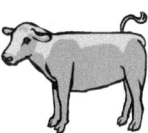

子牛

bozaw

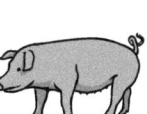

豚

duñğız

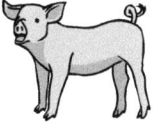

子豚

duñğız balası

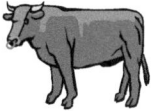

雄牛

ügez

ガチョウ

qaz

アヒル

ürdək

ひよこ

çebi

にわとり

tawıq

おんどり

ətəç

ネズミ

küse

猫

pesi

ねずみ

tıçqan

雄牛

eş ügeze

犬

et

犬小屋

et oyası

散水ホース

baqça xortumı

じょうろ

susipkeç

大鎌

çalğı

すき

saban

農場 - çeftlek

草刈り鎌

uraq

くわ

kitmən

堆肥用フォーク

sənək

斧

balta

手押し車

qul arbası

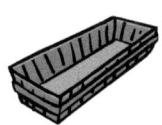

かいばおけ

tağaraq

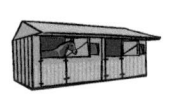

牛乳缶

söt çiləge

袋

qapçıq

フェンス

qoyma

畜舎

abzar

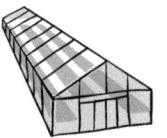

温室

essexanə

土壌

tufraq

種

orlıq

肥料

aşlama

コンバイン

kombayn

農場 - çeftlek

29

収穫する

uñış cıyarğa

収穫

uñış

ヤマイモ

yam

小麦

boday

大豆

soya

じゃがいも

bərəñge

トウモロコシ

məkkəy

菜種

raps

果樹

cimeş ağaçı

キャッサバ

manyok

穀物

börtekleler

家

yort

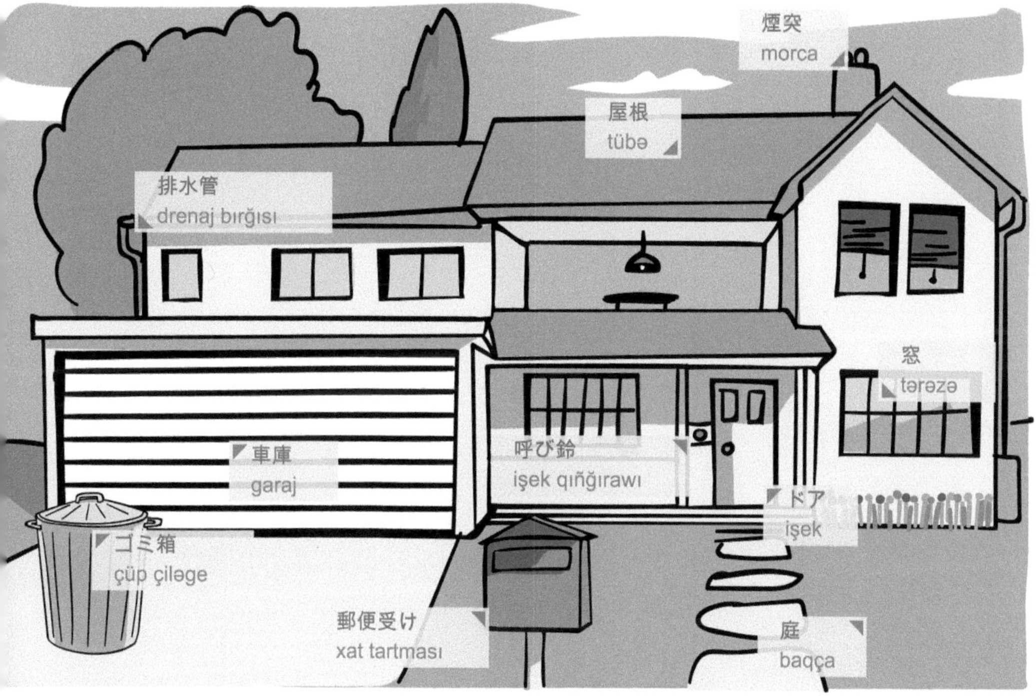

煙突
morca
屋根
tübə
排水管
drenaj bırğısı
窓
tərəzə
車庫
garaj
呼び鈴
işek qıñğırawı
ドア
işek
ゴミ箱
çüp çiləge
郵便受け
xat tartması
庭
baqça

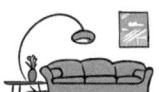

リビングルーム

qunaq bülməse

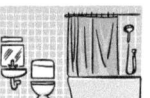

浴室

yuınu bülməse

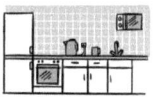

台所

aş bülməse

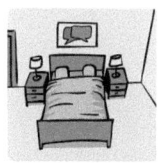

寝室

yataq bülməse

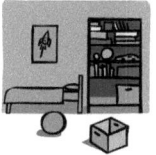

子供部屋

bala bülməse

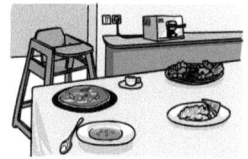

ダイニング・ルーム

aş bülməse

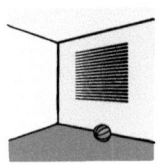

床

idän

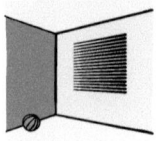

壁

diwar

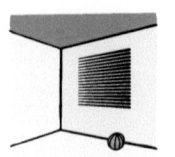

天井

tüşəm

地下貯蔵庫

tülə

サウナ

sawna

バルコニー

balkon

テラス

teras

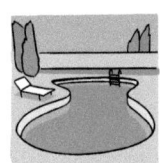

プール

xəwez

芝刈り機

çirəmçapqıç

シーツ

cəymə

ベッドカバー

yataq yapması

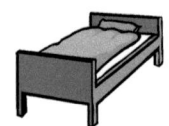

ベッド

yataq

ほうき

seberke

バケツ

çilək

スイッチ

özgeç

リビングルーム
qunaq bülməse

壁紙
diwar kəğəze
絵
rəsem
ランプ
lampa
棚
kiştə
食器棚
dulap
テレビ
televiziyə
暖炉
çual
花
çəçək
クッション
mendər
ソファ
diwan
花瓶
nəlbək
リモコン
yıraqtan boyırma

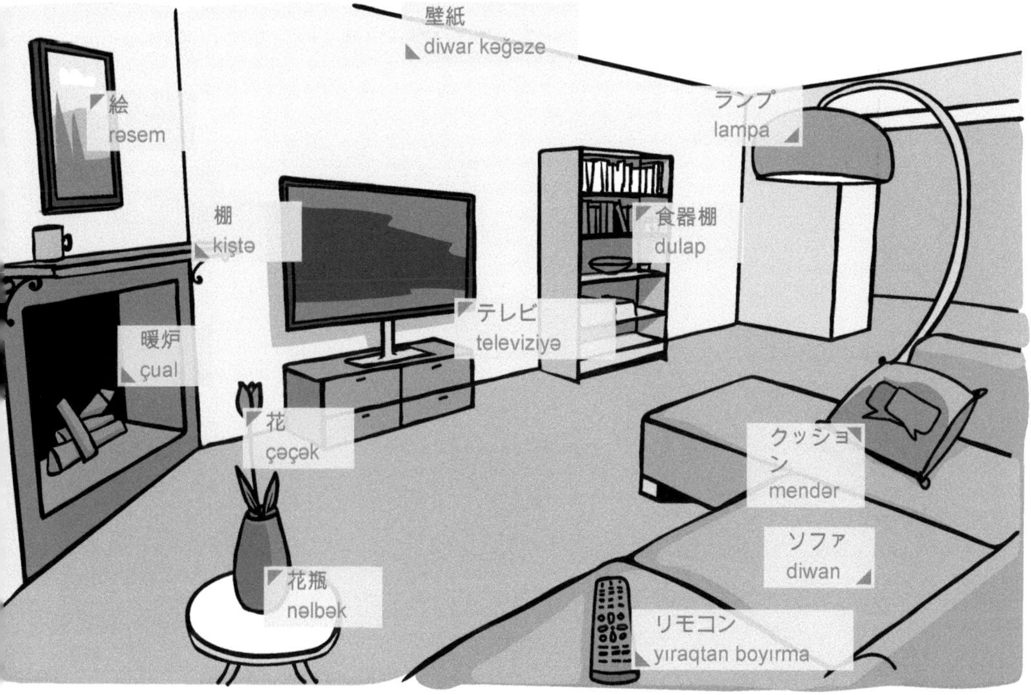

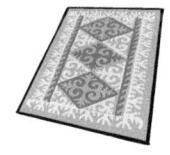

カーペット
keləm

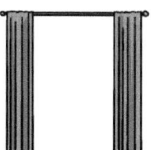

カーテン
pərdə

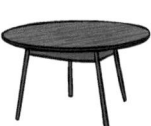

テーブル
östəl

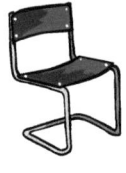

椅子
urındıq

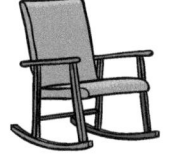

ロッキングチェア
tirbəlmə urındıq

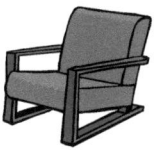

ひじ掛け椅子
kənəfi

本
kitap

毛布
yapma

飾り
dekor

たきぎ
utın

映画
film

ステレオ
hi-fi

鍵
açqıç

新聞
gəcit

絵画
sürət

ポスター
poster

ラジオ
radio

メモ帳
quyın dəftəre

掃除機
tuzansuırğıç

サボテン
kaktus

ろうそく
şəm

台所
aş bülməse

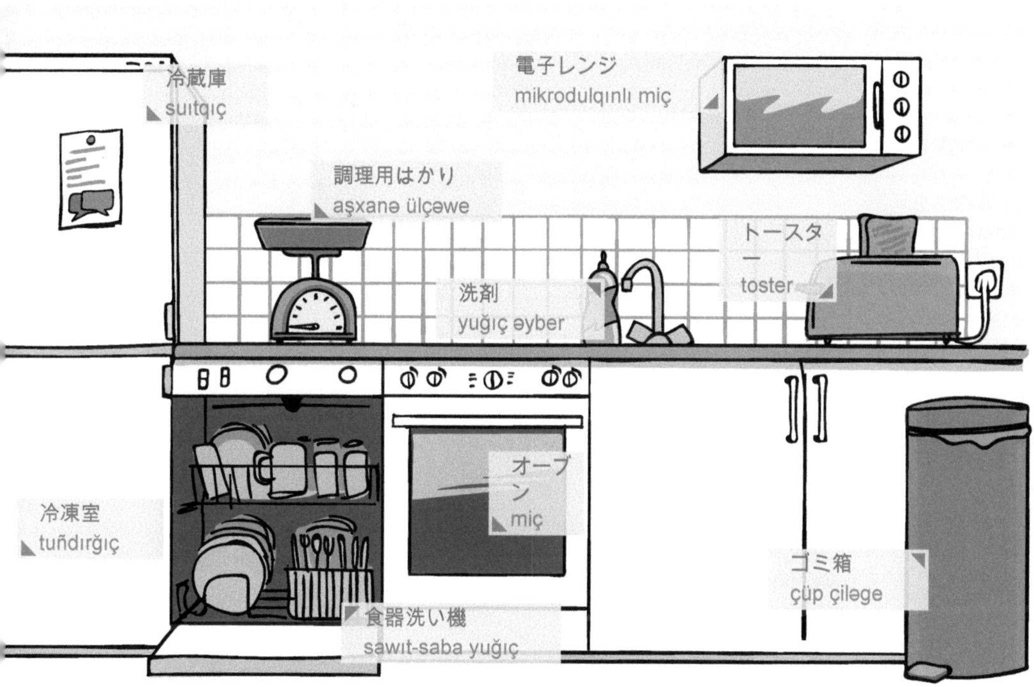

冷蔵庫
suıtqıç
電子レンジ
mikrodulqınlı miç
調理用はかり
aşxanə ülçəwe
トースター
toster
洗剤
yuğıç əyber
オーブン
miç
冷凍室
tuñdırğıç
ゴミ箱
çüp çiləge
食器洗い機
sawıt-saba yuğıç

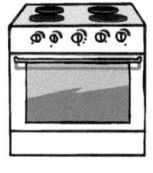

こんろ

əwsək

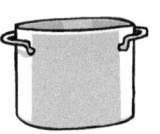

鍋

sağan

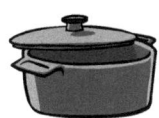

鉄鍋

çuyın sağan

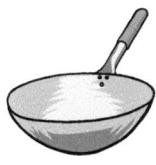

中華鍋/ カダイ鍋

wok

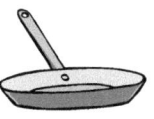

フライパン

taba

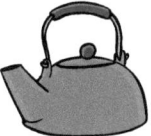

やかん

çəygün

蒸し器

bulı peşergeç

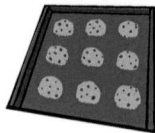

天板

qalay

食器

sawıt-saba

マグカップ

təgeç

ボウル

kəsə

箸

aşaw tayaqçıqları

おたま

ucaw

へら

spatula

泡立て器

tuğlağıç

こし器

sözgeç

ふるい

ilək

すりおろし器

qırğıç

すり鉢

kile

バーベキュー

barbekü

かまど

açıq uçaq

まな板

taqta

麺棒

uqlaw

栓抜き

böke suırğıç

缶

metal tartma

缶切り

kənsir açqıç

鍋つかみ

miç biyələye

流し

kirşən

ブラシ

fırça

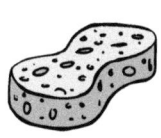

スポンジ

bolıt

ミキサー

blender

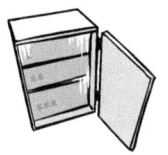

冷凍庫

tirən tuñdırğıç

哺乳瓶

imezlekle şeşə

蛇口

çömək

浴室

yuınu bülməse

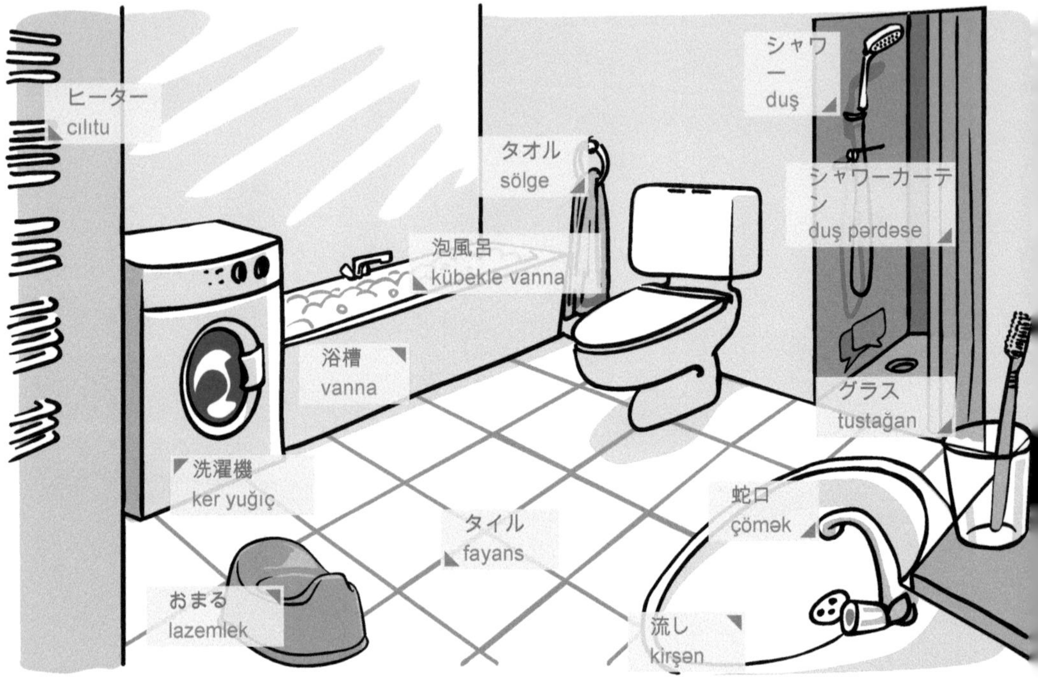
ヒーター
cılıtu
タオル
sölge
シャワー
duş
シャワーカーテン
duş pərdəse
泡風呂
kübekle vanna
浴槽
vanna
洗濯機
ker yuğıç
タイル
fayans
おまる
lazemlek
蛇口
çömək
グラス
tustağan
流し
kirşən

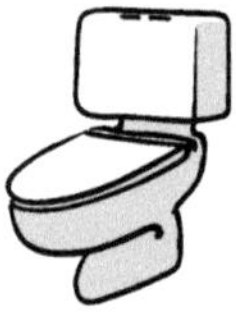

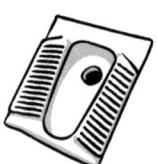

トイレ

bədrəf

和式トイレ

törekçə bədrəf

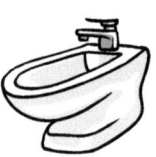

ビデ

bide

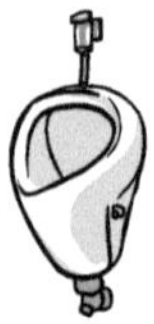

小便器

pissuar

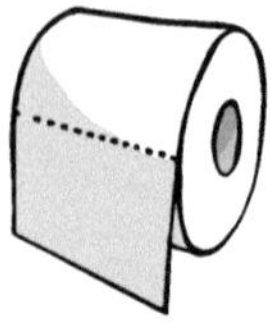

トイレットペーパー

bədrəf kəğəze

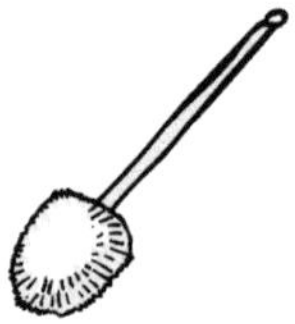

トイレブラシ

bədrəf fırçası

歯ブラシ

teş fırçası

歯みがき

teş məğcüne

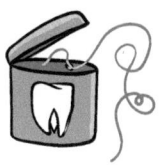

デンタルフロス

teş cebe

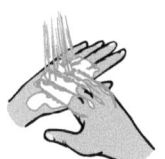

洗う

yuarğa

シャワーヘッド

duş başlığı

ハンドビデ

duş

洗面台

kirşən

ボディブラシ

arqa fırçası

石鹸

sabın

シャワー用ジェル

duş seňəle

シャンプー

şampun

浴用タオル

munçala

排水口

ağım

クリーム

krem

消臭

dezodorant

浴室 - yuınu bülməse

鏡

közge

手鏡

qul közgese

かみそり

östərə

シェービング・フォーム

qırınu kübege

アフターシェーブローショ
ン

qırınu losyonı

櫛

taraq

ブラシ

fırça

ドライヤー

fön

ヘアスプレー

çəç sprəye

化粧

makiyaj

口紅

iren innege

マニキュア

tırnaq cələse

脱脂綿

mamıq

爪切り

tırnaq qayçısı

香水

xuşbuy

洗面用具入れ

makiyaj buqçası

スツール

utırğıç

体重計

ülçəw

バスローブ

çoba

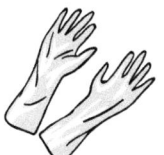

ゴム手袋

rezin iləsə

タンポン

tampon

生理用ナプキン

higiyenik pəd

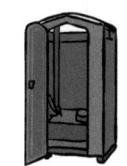

ケミカルトイレ

kimiyəwi bədrəf

子供部屋

bala bülməse

目覚まし時計
uyatqıç səğət
ぬいぐるみ
yomşaq uyınçıq
おもちゃの自動車
uyınçıq maşina
がらがら
şaltırawıq
ドール・ハウス
qurçaq yortı
プレゼント
bülək

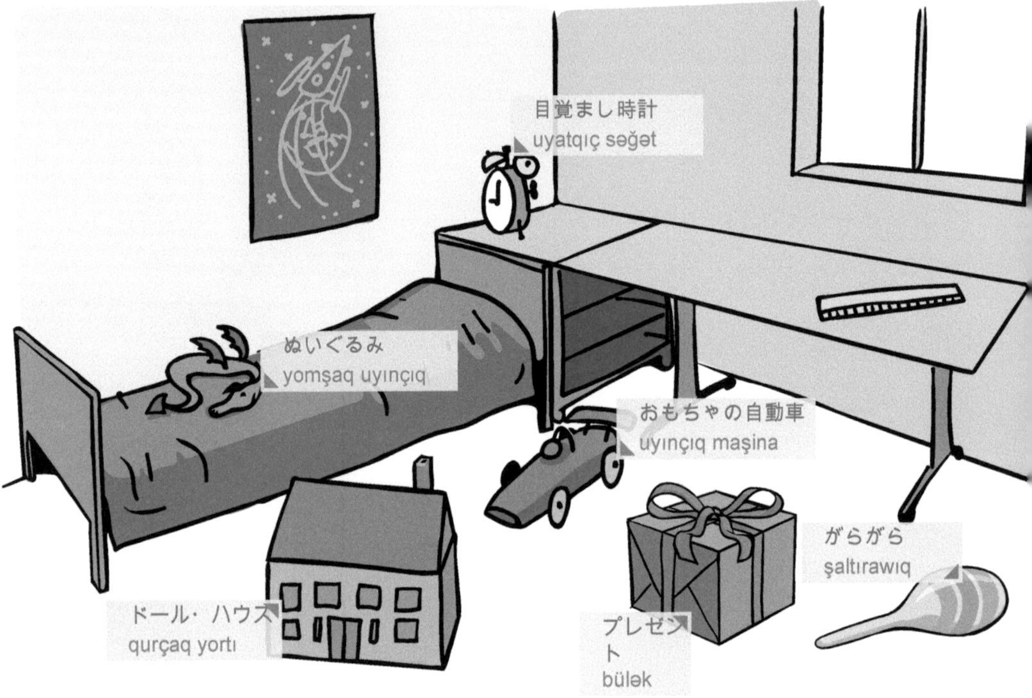

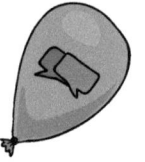

風船

hawa şarı

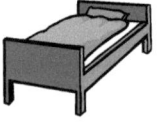

ベッド

yataq

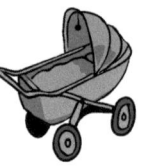

ベビーカー

bəbi arbası

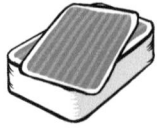

カードゲーム

kərt dəstəse

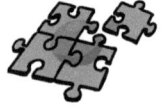

ジグソーパズル

pazl

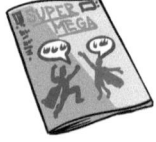

漫画

komiks

レゴ

lego kirpeçləre

玩具ブロック

şaqmaqlar

アクションフィギュア

uyın sınçığı

ロンパース

zıbın

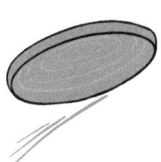

フリスビー

frisbi

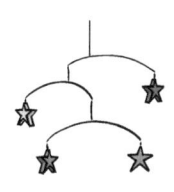

モバイル

mobil

ボードゲーム

östəl uyını

さいころ

uyın taşı

鉄道模型

trən modele cıyılması

おしゃぶり

imezlek

パーティー

kiçə

絵本

rəsemle kitap

ボール

tup

人形

qurçaq

遊ぶ

uynarğa

砂場

qomlıq

ブランコ

tağan

おもちゃ

uyınçıqlar

ゲーム機

uyın quşması

三輪車

öç köpçəkle səpid

テディベア

uyınçıq ayu

衣装ダンス

kiyem dulabı

衣服
kiyem

靴下

oyıqbaş

ストッキング

oyıq

タイツ

oyığıştan

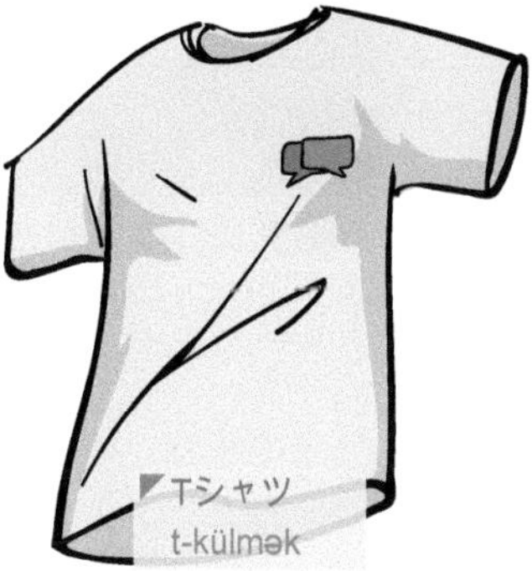

スカーフ
şarf

ベルト
qayış

雨傘
qulçatır

Tシャツ
t-külmək

ブーツ
itek

スリッパ
çəpələy

スニーカー
sport ayaq kiyeme

サンダル

sandallar

靴

ayaq kiyeme

ゴム長靴

rezin itek

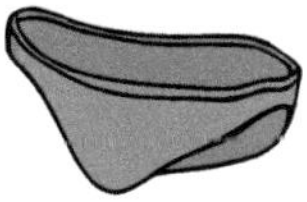

パンツ

tənban

ブラ

tüşti

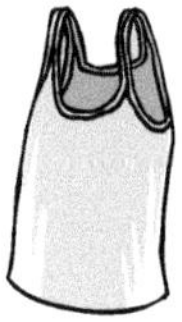

ベスト

cələk

衣服 - kiyem

45

ボディースーツ

bodi

ズボン

çalbar

ジーンズ

jins

スカート

itək

ブラウス

bluz

シャツ

külmək

セーター

sviter

パーカー

hudi

ブレザー

bleyzer

ジャケット

jaket

コート

bişmət

レインコート

yañğırlıq

服装

kəçtüm

ドレス

külmək

ウェディングドレス

tuy külməge

スーツ

taqım kiyem

ナイトガウン

tönge külmək

パジャマ

pijama

サリー

sari

ヘッドスカーフ

yawlıq

ターバン

çalma

ブルカ

burqa

カフタン

çapan

アバヤ

abaya

水着

qoyınu kiyeme

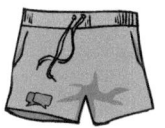

トランクス

yözü tənbanı

半ズボン

şort

スウェットスーツ

sport kiyeme

エプロン

alyapqıç

手袋

iləsə

衣服 - kiyem

ボタン

töymə

メガネ

küzlek

ブレスレット

belezek

ネックレス

muyınsa

指輪

baldaq

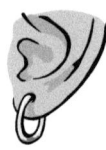

イヤリング

alqa

帽子

kəpeç

ハンガー

elgeç

帽子

eşləpə

ネクタイ

muyınbaw

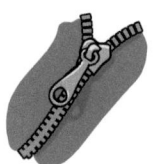

ファスナー

zıncır

ヘルメット

oçlam

サスペンダー

çalbar asması

制服

məktəp forması

ユニフォーム

forma

よだれかけ
balalar kükrəkçəse

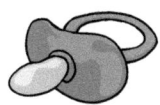

おしゃぶり
imezlek

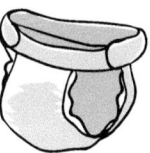

おむつ
küzələ

オフィス
ofis

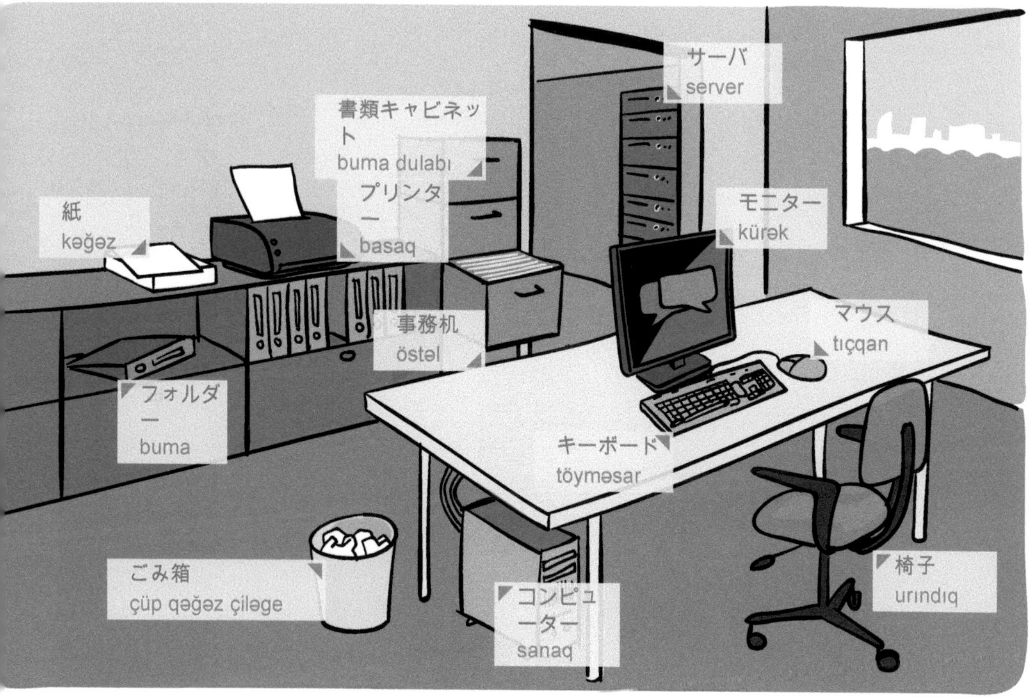

紙
kəğəz

書類キャビネット
buma dulabı

プリンター
basaq

サーバ
server

モニター
kürək

事務机
östəl

マウス
tıçqan

フォルダー
buma

キーボード
töyməsar

ごみ箱
çüp qəğez çiləge

コンピューター
sanaq

椅子
urındıq

コーヒーマグ
qəhwə təgeçe

計算機
sansanar

インターネット
internet

ラップトップ

ləptop

手紙

xat

メッセージ

xəbər

携帯電話

kesə telefonı

ネットワーク

çeltər

コピー機

fotokopyaçı

ソフトウェア

program təminatı

電話

telefon

コンセント

ayırğıç

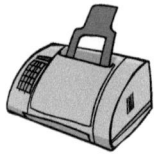

ファックス

faks

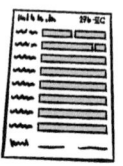

フォーム

form

書類

dokument

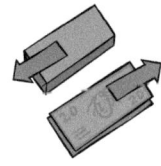

買う

satıp alırğa

支払う

tülərgə

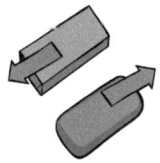

取引する

səwdə itərgə

お金

aqça

ドル

dollar

ユーロ

euro

円

yen

ルーブル

sum

スイスフラン

frank

人民元

yuan

ルピー

rupi

キャッシュポイント

bankomat

両替所

valüta bürosı

金

altın

銀

kömeş

油

qaramay

エネルギー

energiyə

価格

bəyə

契約

kontrakt

税金

salım

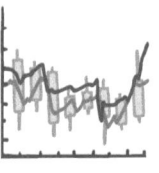

株

stok

働く

eşlərgə

従業員

eşçe

雇用主

eş birüçe

工場

fabrika

ショップ

kibet

職業

hönərlər

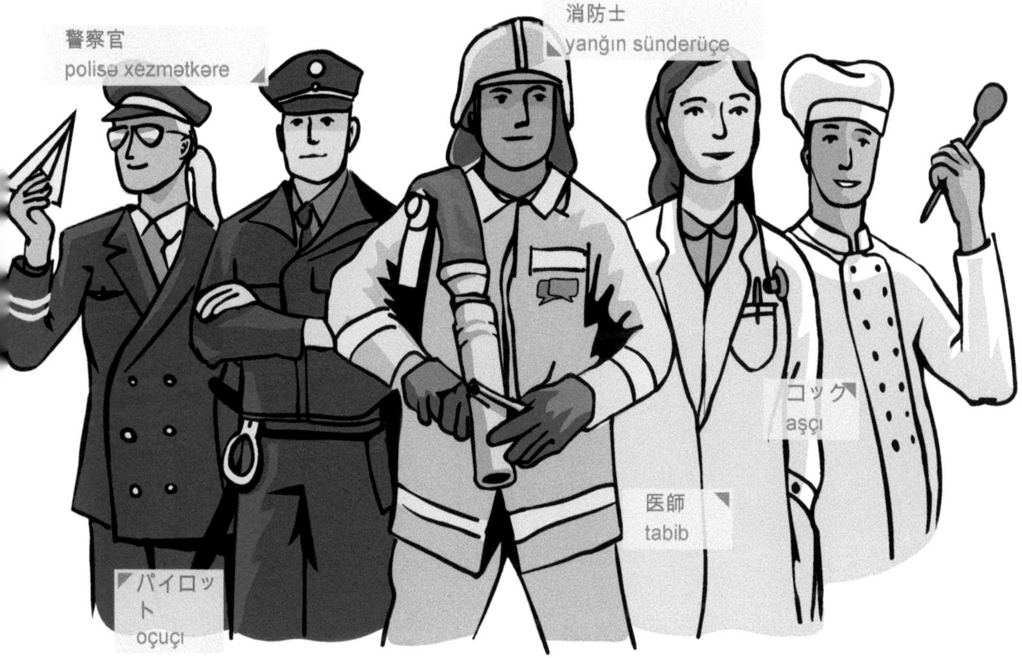

警察官
polisə xezmətkəre
消防士
yanğın sünderüçe
コック
aşçı
医師
tabib
パイロット
oçuçı

庭師

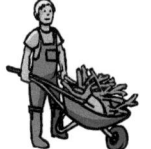

baqçaçı

大工

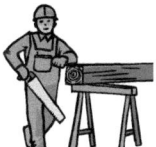

ağaç ostası

お針子

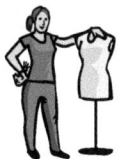

tegüçe

裁判官

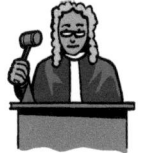

xökemçe

化学者

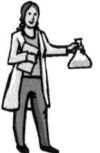

kimiyəçe

俳優

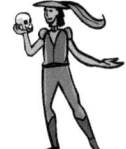

aktor

バスの運転手

awtobus yörtüçe

タクシー運転手

taksiçe

漁師

balıqçı

掃除婦

cıyıştıruçı xatın

屋根ふき職人

tübə yabuçı

ウェイター

tabınçı

ハンター

awçı

塗装工

rəssam

パン屋

ikməkçe

電気工

elektrçı

建設作業員

tözüçe

エンジニア

möhəndis

肉屋

itçe

配管工

çöməkçe

郵便配達人

yamılçı

軍人

ğoskəri

建築家

miğmar

レジ係

kassir

花屋

çəçəkçe

美容師

çəçtaraş

車掌

konduktor

機械工

mekanik

キャプテン

kapitan

歯科医

teş tabibı

科学者

ğalim

ラビ

rabbi

イスラム導師

imam

修道士

kəşiş

牧師

ruxani

道具
ələtlər

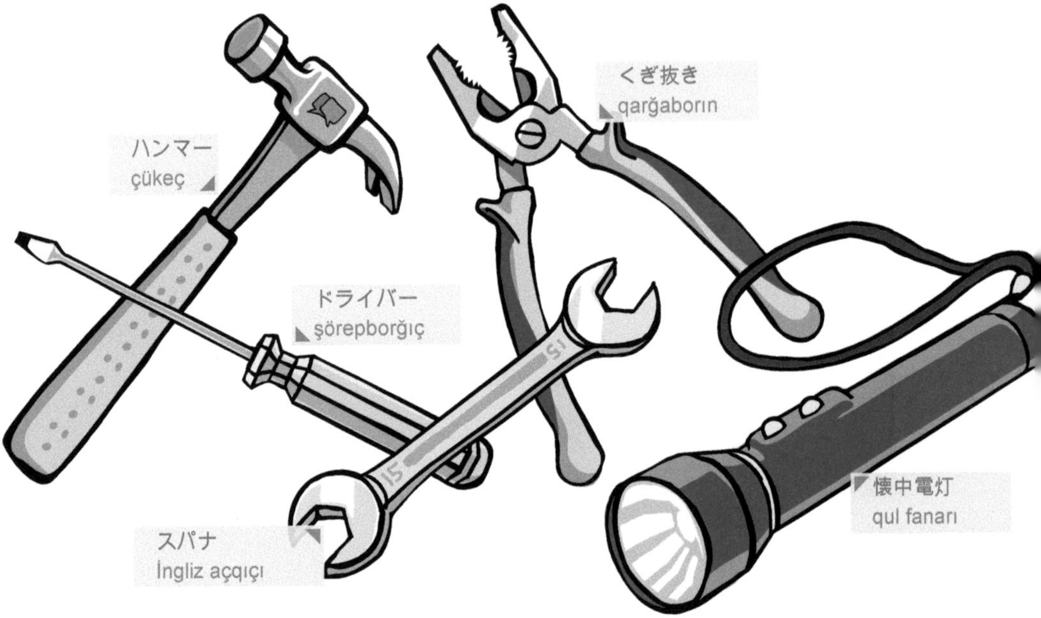

ハンマー
çükeç

くぎ抜き
qarğaborın

ドライバー
şörepborğıç

スパナ
İngliz açqıçı

懐中電灯
qul fanarı

掘削機

qazu maşinası

道具箱

ələt buqçası

はしご

basqıç

のこぎり

pıçqı

釘

qadaqlar

ドリル

dril

修理する
tözətergə

シャベル
körək

クソ！
Şaytan alğırı!

ちりとり
sosqı

ペンキ缶
buyaw sawıtı

ネジ
mıqlar

スピーカー
tawış köçəytkeç

打楽器
dawılbaz taqımı

ギター
gitar

コントラバス
kontrabas

トランペット
bırğı

楽器 - muzıka alətlərе

57

ピアノ

piano

バイオリン

kəmən

バス

bas gitar

ティンパニ

timpani

ドラム

dawılbaz

キーボード

töyməsar

サックス

saksofon

フルート

flüt

マイクロフォン

mikrofon

動物園

xaywan baqçası

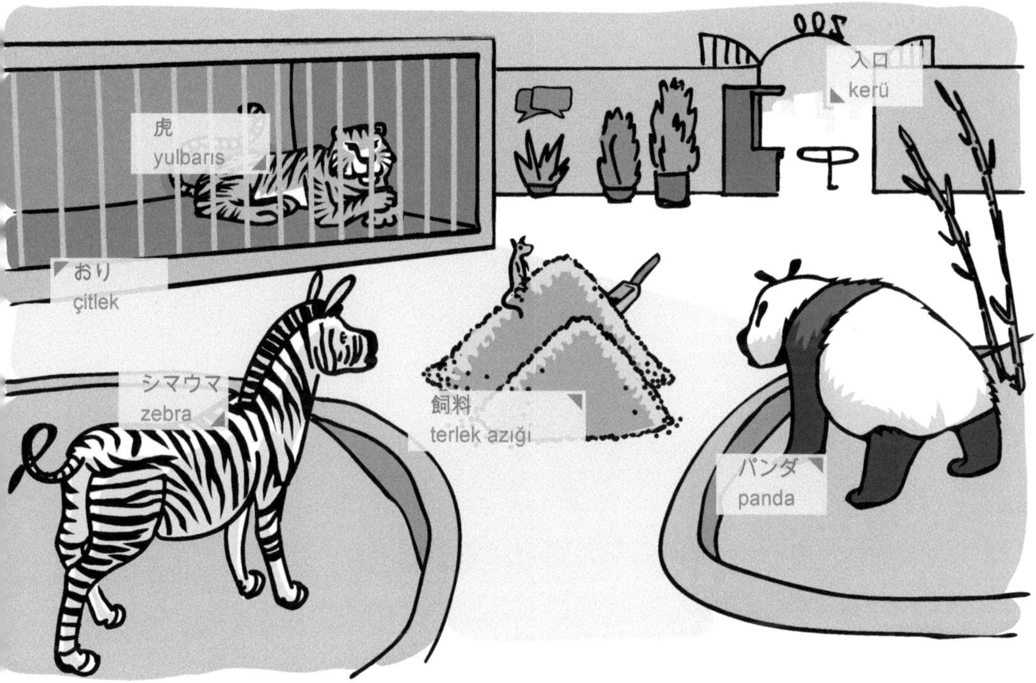

虎
yulbarıs
入口
kerü
おり
çitlek
シマウマ
zebra
飼料
terlek azığı
パンダ
panda

動物

xaywannar

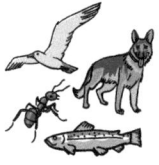

象

fil

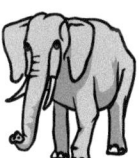

カンガルー

köngerə

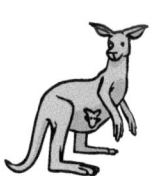

サイ

kərkədən

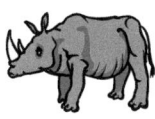

ゴリラ

gorilla

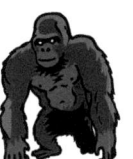

熊

ayu

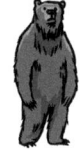

ラクダ

döyə

ダチョウ

təwə qoşı

ライオン

arıslan

猿

maymıl

フラミンゴ

flamingo

オウム

tutıy qoş

白クマ

aq ayu

ペンギン

pingwin

サメ

küpek balığı

クジャク

tawis

蛇

yılan

ワニ

timsax

飼育係

xaywan baqçası
xezmətkəre

アザラシ

suete

ジャガー

yaguar

ポニー

poni

ヒョウ

qaplan

カバ

su ayğırı

キリン

zörəfə

鷲

börket

雄豚

qaban duñğızı

魚

balıq

亀

taşbaqa

セイウチ

morşa

狐

tölke

ガゼル

ğəzəl

アメフト
Amerika futbolı

サイクリング
səpid

テニス
tennis

バスケットボール
basketbol

水泳
yözü

ボクシング
boks

アイスホッケー
xokkey

サッカー
futbol

バドミントン
badminton

陸上競技
atletika

ハンドボール
handbol

スキー
çañğı

ポロ
polo

活動
itkenleklər

跳ぶ
sikerergə
抱きしめる
qoçaqlarğa
笑う
kölərgə
歩く
yörergə
歌う
cırlarğa
夢見る
xıyallanırğa
祈る
ğibədət qılırğa
キス
übergə

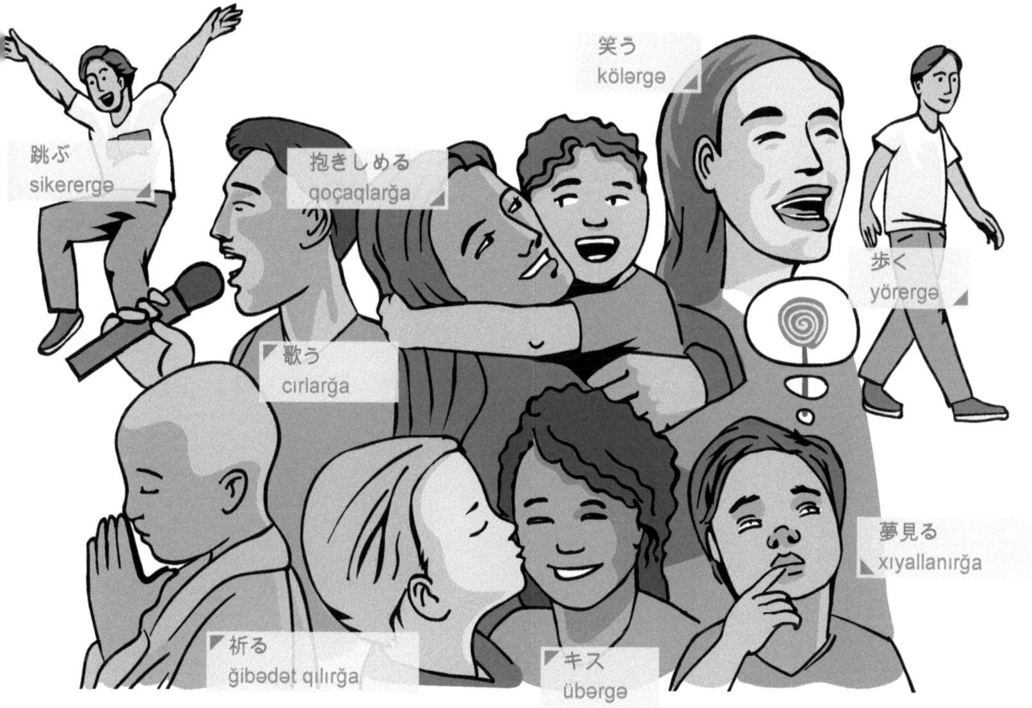

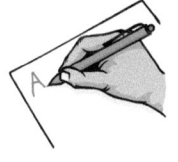

書く
yazarğa

描く
rəsem yasarğa

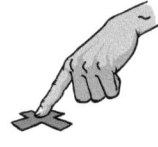

示す
kürsətergə

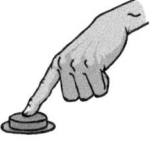

押す
etərgə

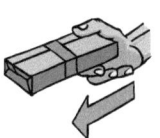

与える
birergə

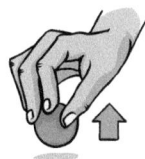

取る
alırğa

持っている

iyə bulırğa

する

eşlərgə

ある

bulırğa

立つ

basıp torırğa

走る

yögerergə

引く

tartırğa

投げる

taşlarğa

落ちる

yığılırğa

横たわっている

yatarğa

待つ

kötərgə

運ぶ

taşırğa

座る

utırırğa

着る

kiyenergə

眠る

yoqlarğa

目が覚める

uyanırğa

見る

qararğa

泣く

yılarğa

なでる

sıyparğa

櫛ですく

tararğa

話す

söyləşergə

理解する

añlarğa

質問する

sorarğa

聞く

tıñlarğa

飲む

eçərgə

食べる

aşarğa

片づける

cıyıştırınırğa

愛する

söyərgə

料理する

peşerergä

運転する

sörergə

飛ぶ

oçarğa

ヨットに乗る

diñgezgə açılu

計算する

isəpləw

読む

uqırğa

学ぶ

öyrənergə

働く

eşlərgə

結婚する

öylənergə

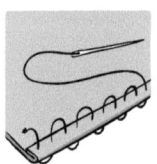

縫う

tegərgə

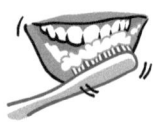

歯を磨く

teş fırçalarğa

殺す

üterergə

喫煙する

təməke tartırğa

送る

cibərergə

家族

ğailə

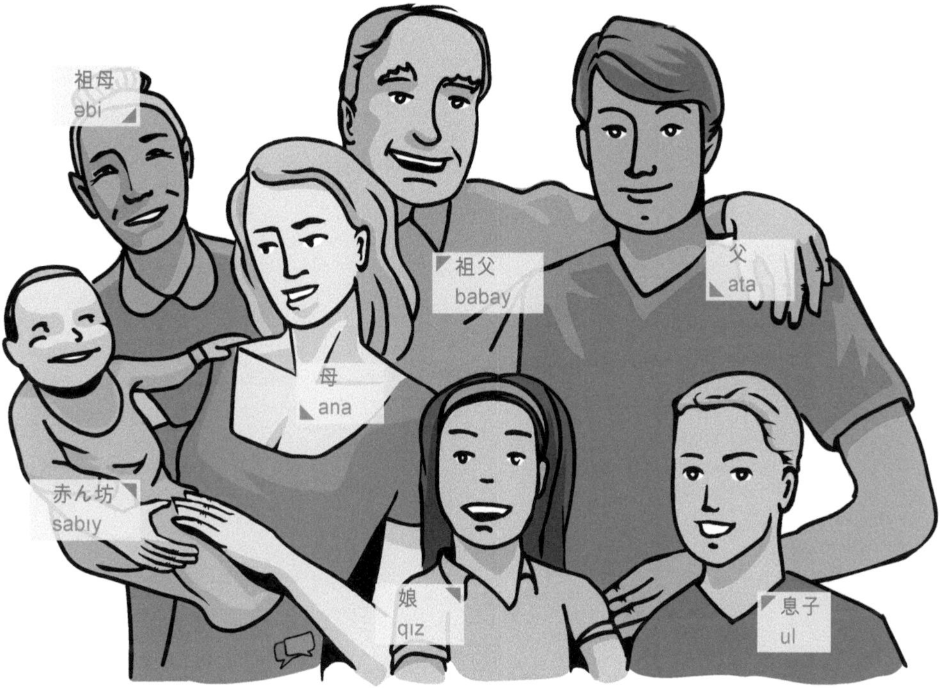

祖母
əbi
祖父
babay
父
ata
母
ana
赤ん坊
sabıy
娘
qız
息子
ul

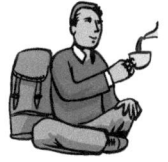

お客様

qunaq

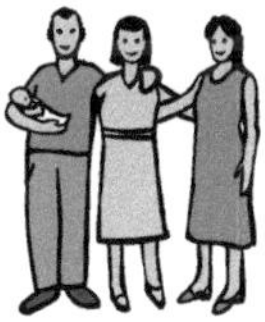

おば

apa

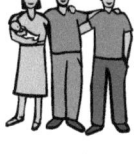

おじ

abıy

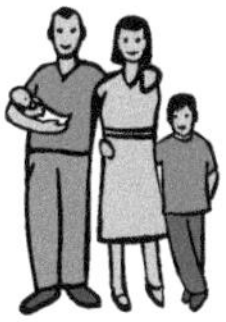

兄弟

abıy / ene

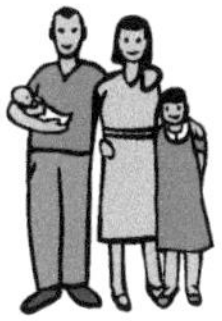

姉妹

apa / señel

体

tən

ひたい
mañğay
目
küz
肩
iñbaş
指
barmaq
顔
bit
あご
iyək
手
qul çuğı
脚
ayaq
胸
kükrək
腕
qul

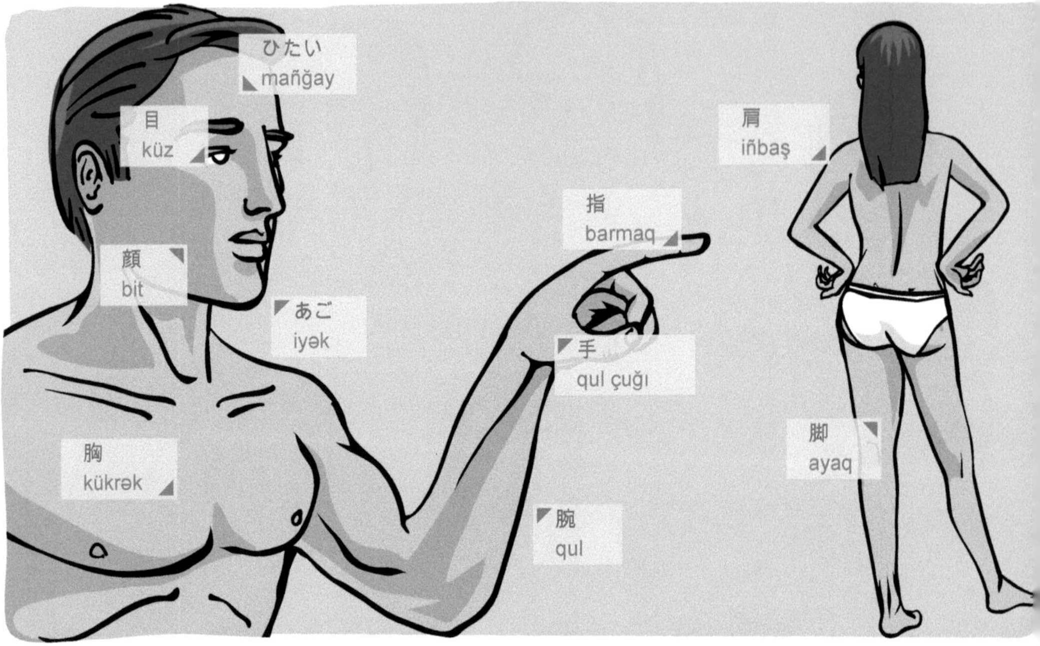

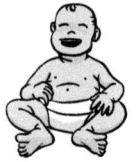

赤ん坊

sabıy

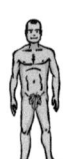

男性

ir

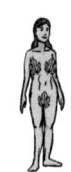

女性

xatın

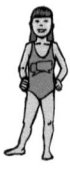

少女

qız

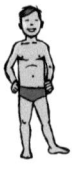

少年

malay

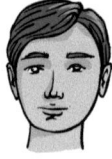

頭

baş

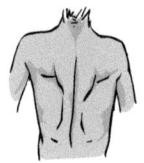

背中
arqa

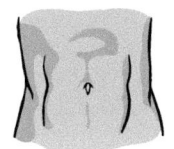

腹
eç

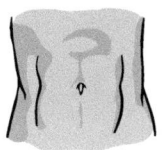

へそ
kendek

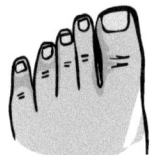

足指
ayaq barmağı

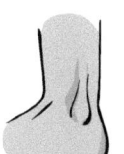

かかと
ükçə

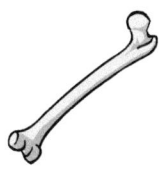

骨
söyək

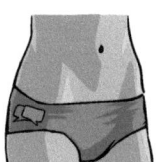

腰
bot

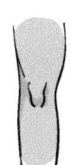

ひざ
tez

ひじ
tersək

鼻
borın

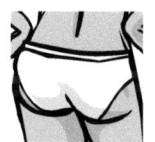

尻
art san

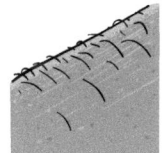

皮膚
tire

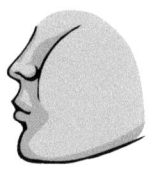

頬
yañaq

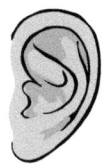

耳
qolaq

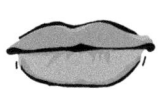

唇
iren

体 - tən

口

awız

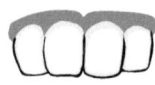

歯

teş

舌

tel

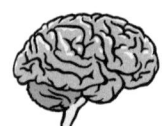

脳

mi

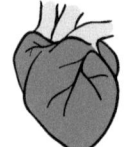

心臓

yörək

筋肉

ğəzlə

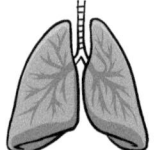

肺

üpkə

肝臓

bawır

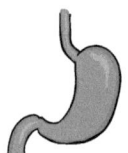

胃

aşqazanı

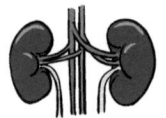

腎臓

böyerlər

セックス

seks

コンドーム

prezervativ

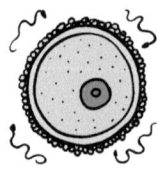

卵細胞

kükəy küzənək

精液

məni

妊娠

kömən

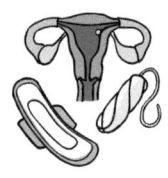

月経

kürem

膣

vagina

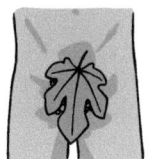

ペニス

penis

眉

qaş

髪

çəçlər

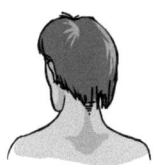

首

muyın

体 - tən

病院
xastaxanə

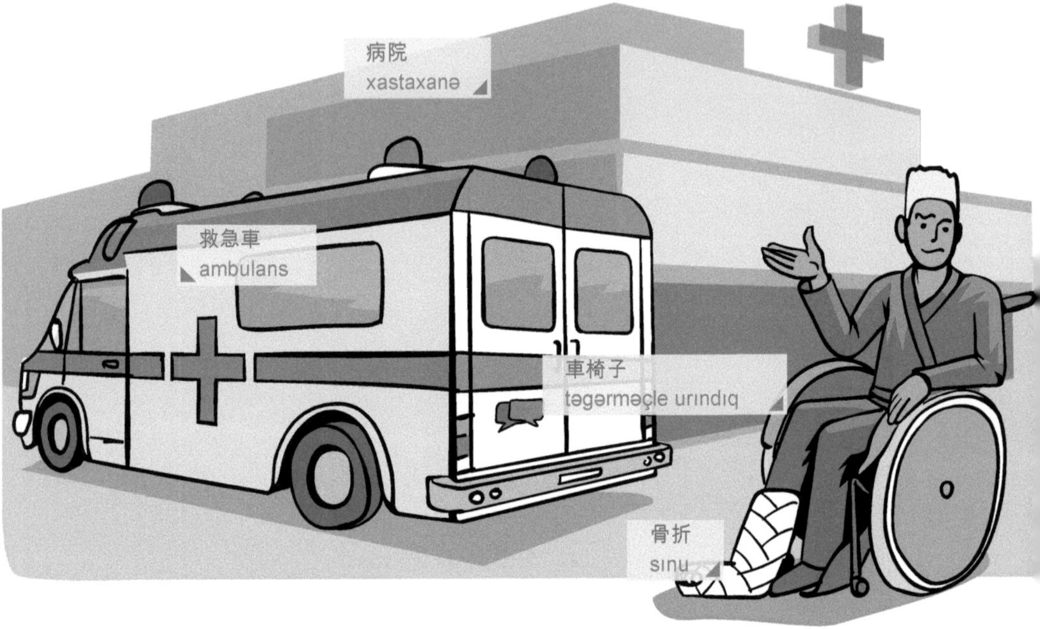

病院
xastaxanə
救急車
ambulans
車椅子
təgərməçle urındıq
骨折
sınu

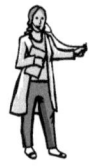

医師

tabib

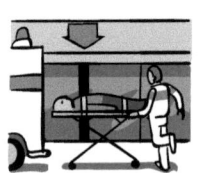

救急治療室

aşığıç yərdəm bülməse

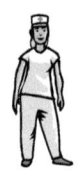

看護師

şəfqət tutaşı

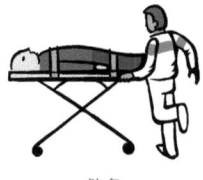

救急

kiçektergesez xəl

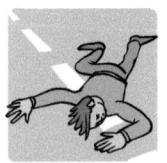

失神

añsız

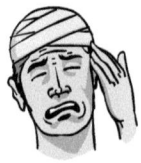

痛み

awırtu

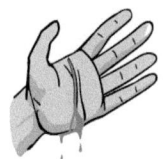

けが

cərəxətlənü

出血

qan ağu

心臓発作

infarkt

脳卒中

insult

アレルギー

allergiyə

咳

yütəl

熱

qızu

インフルエンザ

grip

下痢

eç kitü

頭痛

baş awırtu

癌

yaman şeş

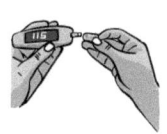

糖尿病

diabet

外科医

xirurg

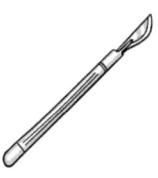

外科用メス

skalpel

手術

ğəməliyət

病院 - xastaxanə

CT

ST

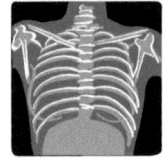

レントゲン

röntgen

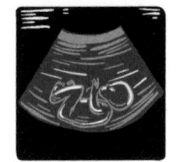

超音波

ultratawış

マスク

bitlek

病気

awıru

待合室

kötü bülməse

松葉づえ

qultıq tayağı

ばんそうこう

plaster

包帯

bəyləweç

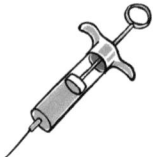

注射

qadaw

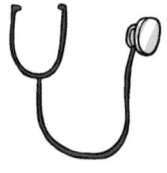

聴診器

stetoskop

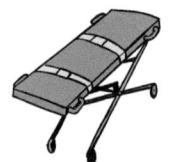

担架

sədiyə

体温計

klinik termometr

出産

tuu

肥満

artıq awırlıq

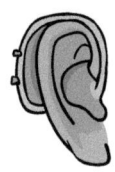

補聴器

işetü cihazı

消毒剤

dezinfektant

感染

yoğış

ウイルス

virus

HIV / エイズ

KİV / BİDS

内服薬

daru

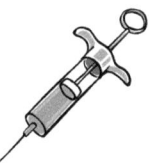

予防接種

vaksinalanu

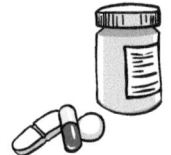

錠剤

tabletlər

ピル

kontraseptiv tablet

緊急電話

aşığıç çaqıru

血圧計

qan basımı ülçəgeçe

病気の / 健康な

awıru / sələmət

助けて！

Qotqarığız!

暴行

höcüm

攻撃

höcüm

危険

qurqınıç

非常口

aşığıç çığu

火事だ！

Yanğın!

消火器

ut sündergeç

事故

qaza

救急箱

berençe yərdəm buqçası

SOS

SOS

警察

polisə

ヨーロッパ

Awrupa

北米

Tönyaq Amerika

南米

Könyaq Amerika

アフリカ

Afrika

アジア

Asya

オーストラリア

Awstralya

大西洋

Atlantik okean

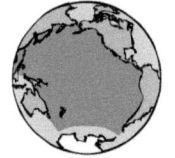

太平洋

Tın okean

インド洋

Hind okeanı

南極海

Antarktik okean

北極海

Arktik okean

北極

Tönyaq qotıp

南極

Könyaq qotıp

南極大陸

Antarktika

地球

Cir

陸

qorı cir

海

diñgez

島

utraw

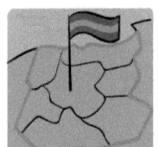

国家

millət

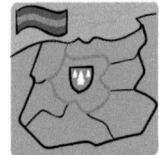

国家

dəwlət

文字盤

səğət bite

短針

səğət uğı

長針

minut uğı

秒針

sekund uğı

何時ですか？

Səğət niçə?

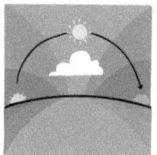

日

kön

時間

waqıt

現在

xəzer

デジタル時計

dijital səğet

分

minut

時間

səğet

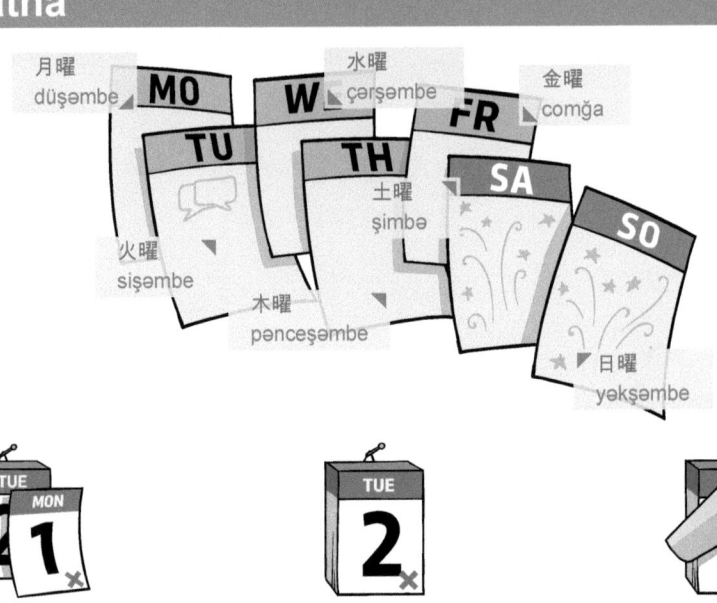

月曜
düşəmbe

水曜
çərşembe

金曜
comğa

火曜
sişembe

木曜
pənceşembe

土曜
şimbə

日曜
yəkşembe

昨日
kiçə

今日
bügen

明日
irtəgə

朝
irtə

昼
töş

夜
kiç

MO	TU	WE	TH	FR	SA	SU
1	2	3	4	5	6	7
8	9	10	11	12	13	14
15	16	17	18	19	20	21
22	23	24	25	26	27	28
29	30	31	1	2	3	4

営業日
eş könnəre

MO	TU	WE	TH	FR	SA	SU
1	2	3	4	5	6	7
8	9	10	11	12	13	14
15	16	17	18	19	20	21
22	23	24	25	26	27	28
29	30	31	1	2	3	4

週末
yal könnəre

雨
▶ yañğır

虹
▶ salawat küpere

雪
▶ qar

風
cil

春
yaz

秋
köz

夏
cəy

冬
qış

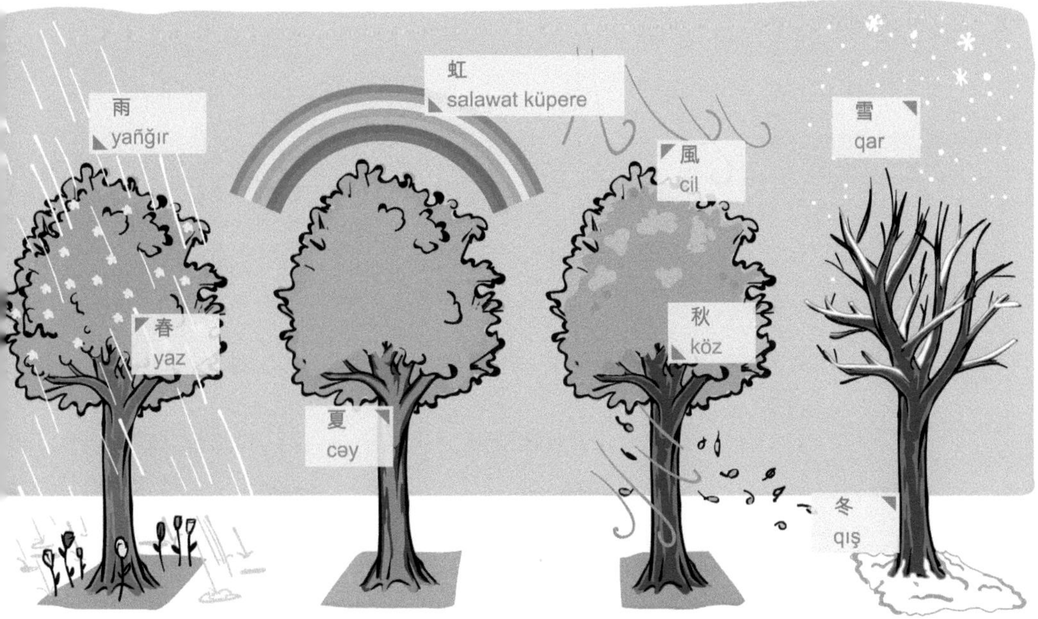

天気予報

hawa torışı

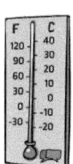

温度計

termometr

日差し

qoyaş yaqtısı

雲

bolıt

霧

toman

湿度

dımlılıq

雷

yəşen

雷

kük kükrəw

嵐

dawıl

ひょう

boz

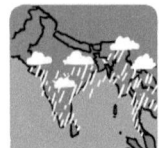

季節風

musson

洪水

su basu

氷

boz

1月

Qırlaç

2月

Aqman

3月

Buşay

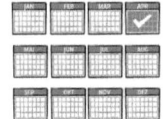

4月

Yañarış

5月

Saban

6月

Çereşmə

7月

Peçən

8月

Uraq

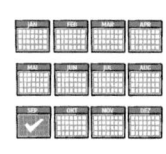

9月
....
Indır

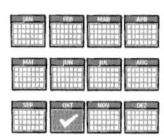

10月
....
Bilek

11月
....
Qaraköz

12月
....
Kerəw

形

şəkellər

円
....
tügərək

正方形
....
dürtkel

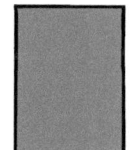

長方形
....
turıpoçmaq

三角
....
öçpoçmaq

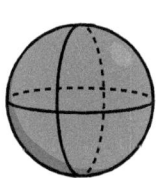

球
....
körrə

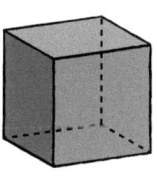

立方体
....
kub

töslər

白
....
aq

黄
....
sarı

オレンジ
....
qızğılt sarı

ピンク
....
al

赤
....
qızıl

紫
....
şəməxə

青
....
zəñgər

緑
....
yəşel

茶
....
körən

灰色
....
sorı

黒
....
qara

多い / 少ない
küp / az

怒っている /
落ち着いている
usal / tınıç

美しい / 醜い
matur / yəmsez

初め / 終わり
baş / axır

大きい / 小さい
zur / keçkenə

明るい / 暗い
yaqtı / qarañğı

兄弟 / 姉妹
abıy, ene / apa, señel

清潔な / 汚い
taza / pıçraq

完全な / 不完全な
təmam / təmamlanmağan

日中 / 夜
kön / tön

死んだ / 生きている
üle / tere

幅広い / 狭い
kiñ / tar

食べられる /
食べられない
aşarğa yaraqlı / aşarğa
yaraqsız

悪意のある / 親切な
yaman / yaxşı

興奮している /
退屈じている
dulqınlanğan / yalıqqan

太った / 痩せた
yuan / yabıq

最初に / 最後に
berençe / soňğı

友人 / 敵
dus / doşman

いっぱいの / 空の
tulı / buş

硬い / 柔らかい
qatı / yomşaq

重い / 軽い
awır / ciñel

空腹 / 喉の渇き
açlıq / susaw

病気の / 健康な
awıru / sələmət

違法な / 合法な
qanunsız / qanunlı

賢い / 愚かな
aqıllı / aqılsız

左に / 右に
sul / uñ

近い / 遠い
yaqın / yıraq

新しい ／ 中古の

yaña / qullanılğan

何もない ／ 何かある

hiçnərsə / nərsəder

老いた ／ 若い

ölkən / yəş

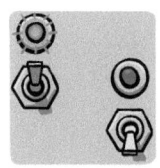

オン ／ オフ

qabızdırılğan / sünderelgən

開いている ／
閉まっている

açıq / yabıq

静かな ／ うるさい

tawışsız / göreltele

裕福な ／ 貧乏な

bay / yarlı

正しい ／ 間違っている

döres / yalğış

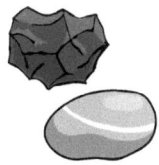

粗い ／ なめらか

qıtırşı / şoma

悲しい ／ 幸せな

küñelsez / küñelle

短い ／ 長い

qısqa / ozın

ゆっくり ／ 速い

aqrın / tiz

濡れた ／ 乾いた

dımlı / qorı

温かい ／ 冷たい

cılı / salqın

戦争 ／ 平和

suğış / tınıçlıq

数

sannar

0

ゼロ
....
sıfır

1

1
....
ber

2

2
....
ike

3

3
....
öç

4

4
....
dürt

5

5
....
biş

6

6
....
altı

7

7
....
cide

8

8
....
sigez

9

9
....
tuğız

10

10
....
un

11

11
....
unber

12

12
unike

13

13
unöç

14

14
undürt

15

15
unbiş

16

16
unaltı

17

17
uncide

18

18
unsigez

19

19
untuğız

20

20
yegerme

100

100
yöz

1.000

1000
meň

1.000.000

100万
million

英語

inglizçə

アメリカ英語

Amerika inglizçəse

中国標準語

Mandarin qıtayçası

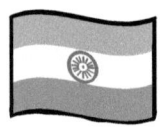

ヒンディー語

hindi

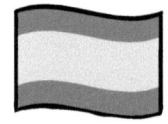

スペイン語

İspança

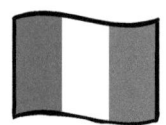

フランス語

Fransızça

アラビア語

Ğərəpçə

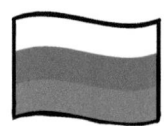

ロシア語

Rusça

ポルトガル語

Portugalça

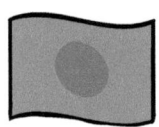

ベンガル語

Bengali

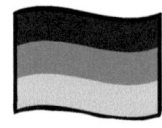

ドイツ語

Almança

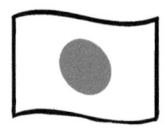

日本語

Yaponça

私

min

あなた

sin

彼 / 彼女 / それ

ul / ul / ul

私たち

bez

あなたたち

sez

彼ら

alar

誰？

kem?

何？

nərsə?

どうやって？

niçek?

どこ？

qayda?

いつ？

qayçan?

名前

isem

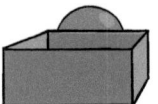

後ろ

artta

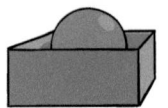

中

eçendə

前

aldında

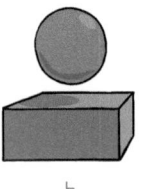

上

östendə

上

östendə

下

astında

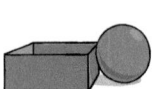

横

yanında

間

arasında

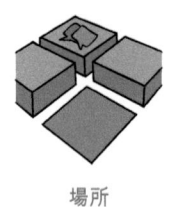

場所

urın